AF220886

Impressum
Verlag: BABADADA GmbH, Nedderfeld 112 , 22529 Hamburg
Geschäftsführer / Verlagsleitung: Harald Hof
Druck: Books on Demand GmbH, In de Tarpen 42, 22848 Norderstedt

Imprint
Publisher: BABADADA GmbH, Nedderfeld 112 , 22529 Hamburg, Germany
Managing Director / Publishing direction: Harald Hof
Print: Books on Demand GmbH, In de Tarpen 42, 22848 Norderstedt

el colegio
xikolo

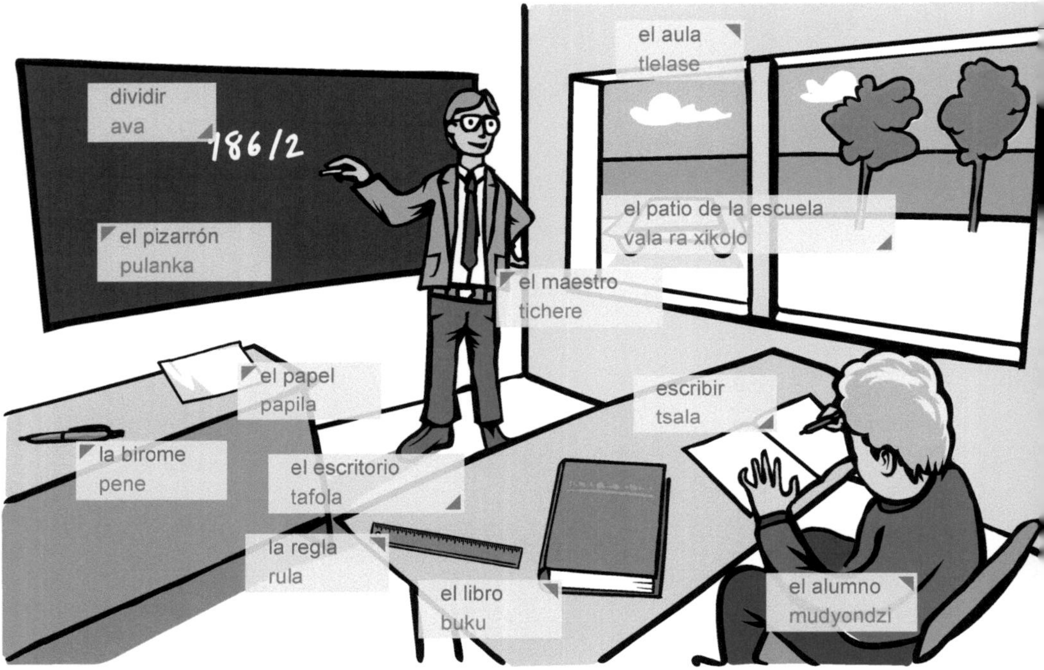

el aula
tlelase
dividir
ava
186/2
el pizarrón
pulanka
el patio de la escuela
vala ra xikolo
el maestro
tichere
el papel
papila
escribir
tsala
la birome
pene
el escritorio
tafola
la regla
rula
el libro
buku
el alumno
mudyondzi

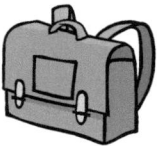

la mochila
xinkwamana

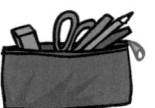

la caja de lápices
bokisi ra tipensele

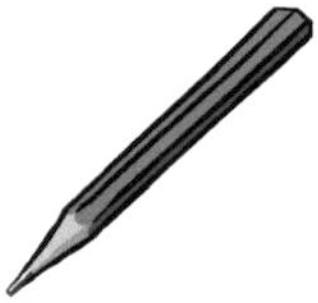

el lápiz
pensele

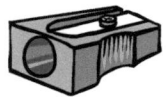

el sacapuntas
muchini wo vatla tipensele

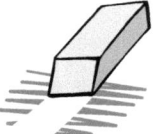

la goma (de borrar)
rhaba

el bloc de dibujo
papilo ro dirowa

el dibujo

xifaniso lexi diroweke

el pincel

burachi ro penda

la caja de pinturas

bokisi ro penda

la tijera

xikero

el pegamento

xidamarheti

el cuaderno de ejercicios

buku ya xikolo

la tarea

ntirho wa le kaya

el número

nombhoro

sumar

engeta

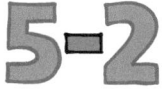

restar

susa

multiplicar

andzisa

calcular

hlaya

la letra

letere

el abecedario

maletere

la palabra

rito

el texto

rungula

leer

hlaya

la tiza

choko

la lección

dyondzo

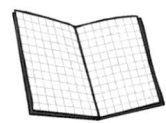

el cuaderno de clase

tsarisa

el examen

xikambelo

el certificado

xitifiketi

el uniforme escolar

swiambalo swa xikolo

la educación

dyondzo

la enciclopedia

nsonga-vutivi

la universidad

univhesiti

el microscopio

makhiriskopu

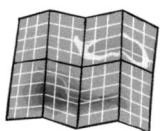

el mapa

mepe

el tacho (de basura)

xikotela xo lahla maphepha

el viaje
kufamba

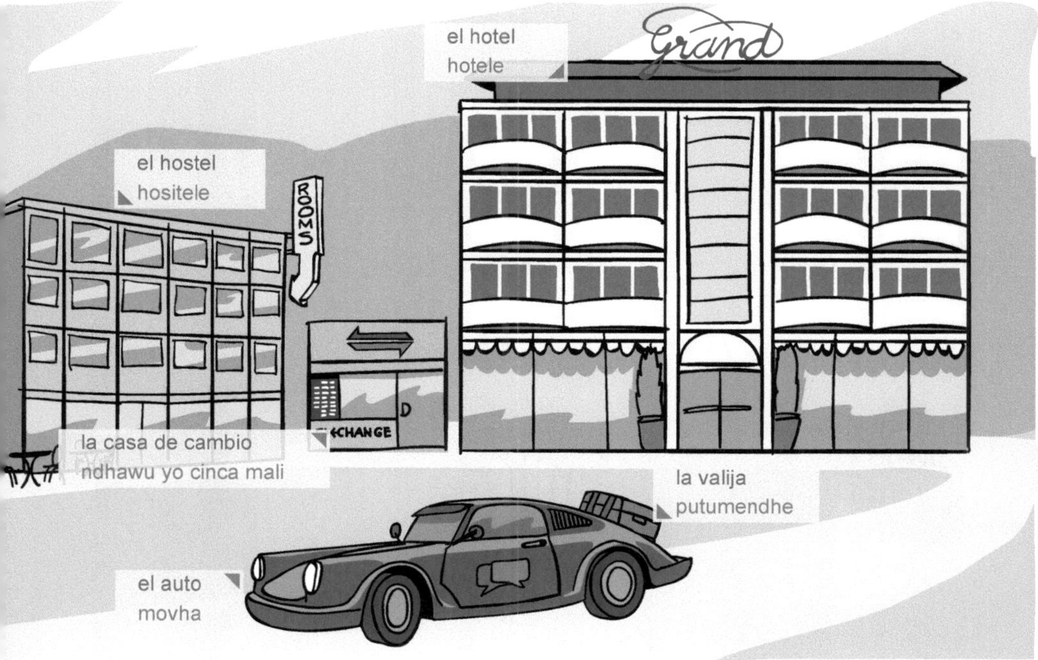

el hotel
hotele
Grand
el hostel
hositele
ROOMS
la casa de cambio
ndhawu yo cinca mali
EXCHANGE
la valija
putumendhe
el auto
movha

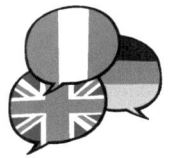

el idioma

ririmi

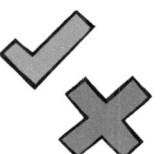

sí / no

ina / e-e

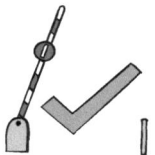

Está bien

Swikahle

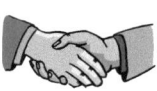

hola

ahe

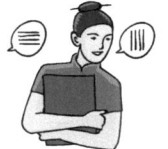

el traductor

muhundzuluxeri

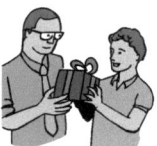

Gracias

Ndza khensa

¿cuánto cuesta...?

ivungani...?

No entiendo

Andzi twisisi

el problema

nkinga

¡Buenas tardes!

Riperile!

¡Buenos días!

Maxelo ya kahle!

¡Buenas noches!

Vusiku bya kahle!

el adiós

sala kahle

la dirección

nkongomiso

el equipaje

mindzhwalo

el bolso

nkwama

la mochila

nkwama

el invitado

muendzi

la habitación

kamara

la bolsa de dormir

nkwama wo etlela

la carpa

tende

la información turística
uxokoxoko bya vaendzi

la playa
ribuwa

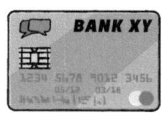

la tarjeta de crédito
khadi ra xikweleti

el desayuno
xifihlulo

el almuerzo
swakudya swa ninhlekani

la cena
swakudya swa nimadyambu

el pasaje
thikithi

el ascensor
kheshe

el sello
xitempe

la frontera
ndzilakana

la aduana
mikhuva

la embajada
hovisi ya vuyimeri ya tiko

la visa
visa

el pasaporte
pasi ro endza

el transporte

swilo swo famba

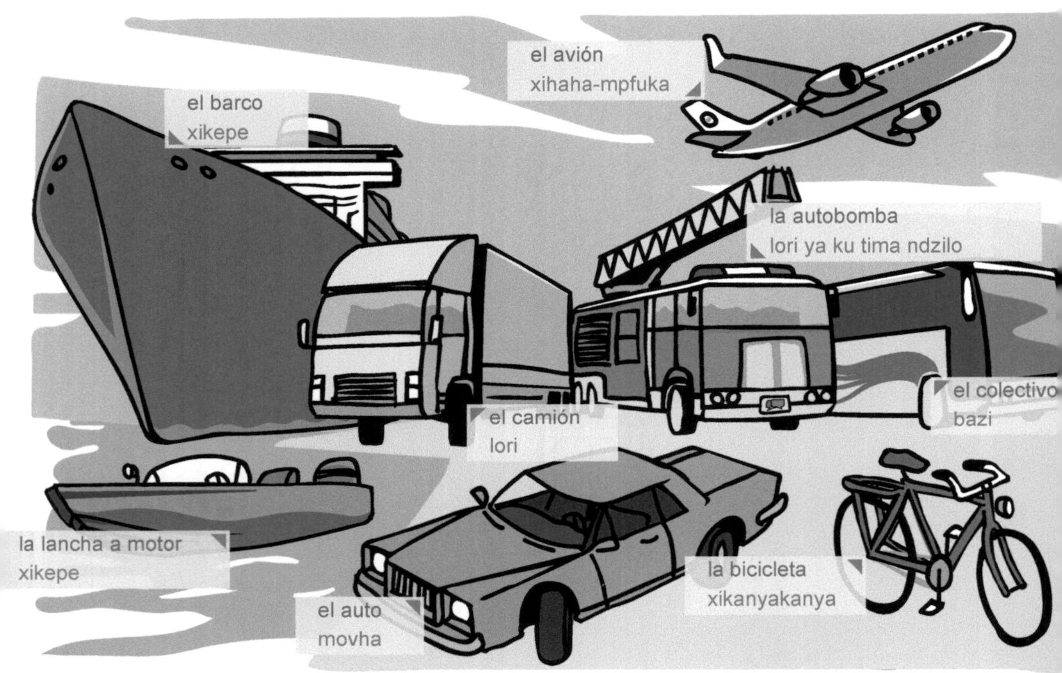
el avión
xihaha-mpfuka
el barco
xikepe
la autobomba
lori ya ku tima ndzilo
el colectivo
bazi
el camión
lori
la lancha a motor
xikepe
la bicicleta
xikanyakanya
el auto
movha

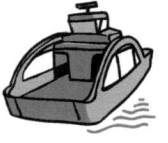

el ferry

xikepe

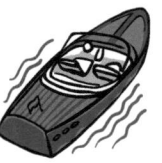

el bote

xikepe

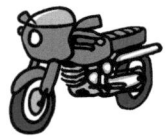

la moto

xithuthuthu

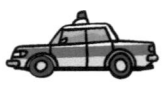

el patrullero

movha wa maphorisa

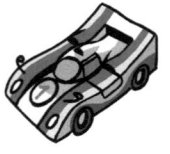

el auto de carreras

movha wa mphikizano

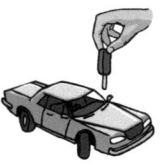

el auto de alquiler

movha yo lombiwa

el alquiler de autos

ku avelana hi movha

la grúa

lori yo koka timovha

el camión de la basura

lori yo rhwala chaka

el motor

njhini

la nafta

mafurha

la estación de servicio

ndhawu yo xavisa petirolo

la señal de tránsito

mpfungo wa le patwini

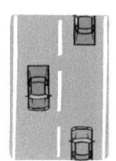

el tránsito

mafambelo ya mimovha

el embotellamiento

ntlimbano wa timovha

el estacionamiento

phaki ya timovha

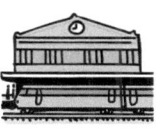

la estación de tren

xitichi xa xitimela

las vías

mintila

el tren

xitimela

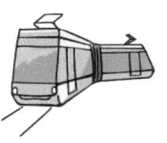

el tranvía

banzi leri fambaka
exiporweni

el vagón

kalichi

el helicóptero

xihaha-mpfuka-phatsa

el aeropuerto

rivala ra siwhaha-mpfuka

la torre

xihondzo

el pasajero

mukhandziyi

el contenedor

bokisi

la caja de cartón

bokisi

la carretilla

kalichi

la canasta

xirhundzi

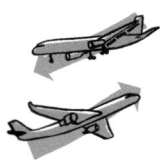

despegar / aterrizar

suka / tshama

la ciudad
doroba

el pueblo

muti

el centro de la ciudad

nkava wa doroba

la casa

yindlu

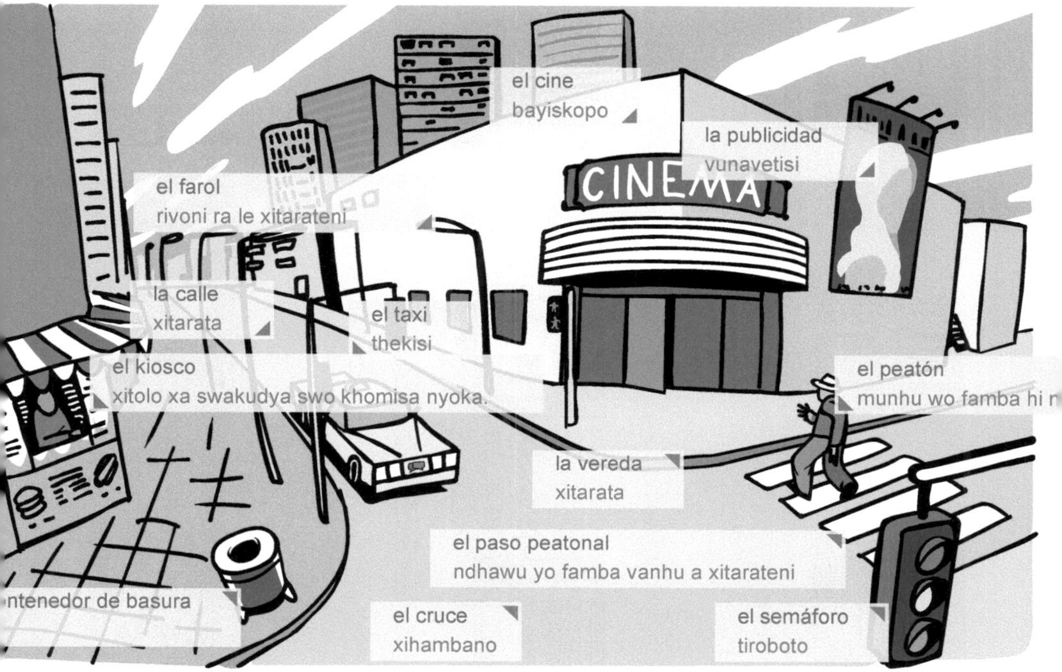

el cine
bayiskopo
la publicidad
vunavetisi
CINEMA
el farol
rivoni ra le xitarateni
la calle
xitarata
el taxi
thekisi
el kiosco
xitolo xa swakudya swo khomisa nyoka.
el peatón
munhu wo famba hi n
la vereda
xitarata
el paso peatonal
ndhawu yo famba vanhu a xitarateni
ntenedor de basura
el cruce
xihambano
el semáforo
tiroboto

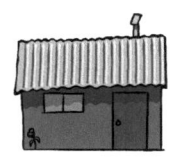

la cabaña

xiyindlwana xa byanyi

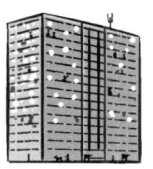

el departamento

yindlu

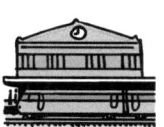

la estación de tren

xitichi xa xitimela

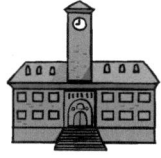

la municipalidad

holo ya vanhu

MUSEUM

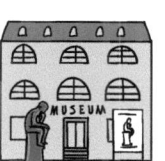

el museo

muziyamu

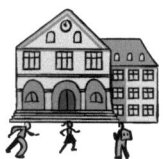

el colegio

xikolo

la universidad

univhesiti

el banco

bangi

el hospital

xibedlhele

el hotel

hotele

la farmacia

xitolo xa miri

la oficina

hofisi

la librería

xitolo xa tibuku

el negocio

xitolo

la florería

xitolo xa swiluva

el supermercado

xitolo le xikulu swinene

el mercado

makete

las grandes tiendas

xitolo le xikulu

la pescadería

xitolo xa tinhlampfi.

el centro comercial

ndhawu ya switolo

el puerto

hlaluko

el parque

phaka

el banco

bence

el puente

buloho

las escaleras

switepisi

el subte

ehansi ka misava

el túnel

muhocho

la parada del colectivo

xitichi xa tibanzi

el bar

barha

el restaurante

rhesiturente

el buzón

bokisi ra poso

el letrero

mfungho wa xitarata

el parquímetro

muchini wa mali ya ku phaka

el zoológico

ntanga wa swiharhi

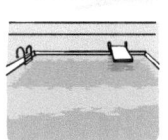

la pileta

damu ro xambela

la mezquita

mosque

la granja

purasi

la contaminación

nthyakiso

el cementerio

masirha

la iglesia

kereke

los juegos infantiles

rivala ra mintlangu

el templo

tempele

el paisaje

ndhawu

la hoja
tluka

el poste indicador
mfungho wa gondzo

el camino
ndlela

la pradera
byanyi byo tala

la piedra
ribye

el excursionista
munhu wo khandziya tintshava

el árbol
murhi

el río
nambu

la hierba
byanyi

la flor
xiluva

el valle

nkova

la montaña

xitsunga

el lago

tiva

el bosque

khwati

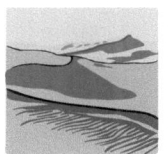

el desierto

mananga

el volcán

volkheno

el castillo

ntsinda

el arco iris

nkwangulatilo

el champiñón

swikowa

la palmera

murhi wa nchindzu

el mosquito

nsuna

la mosca

haha

la hormiga

vusokoti

la abeja

nyoxi

la araña

puma

el escarabajo

xifufunhunu

la rana

chele

la ardilla

maxindyana

el erizo

nhloni

la liebre

mfundla

la lechuza

xikhova

el pájaro

xinyenyane

el cisne

sekwa

el jabalí

ngluve ya nhova

el ciervo

mhunti

el alce

mhofu

la presa

damu

el aerogenerador

xipelupelu xa moya

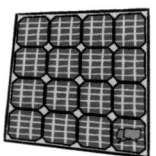

el panel solar

bodo leyi tswongaka kuhisa
ka dyambu

el clima

maxelo

el restaurante
rhesiturente

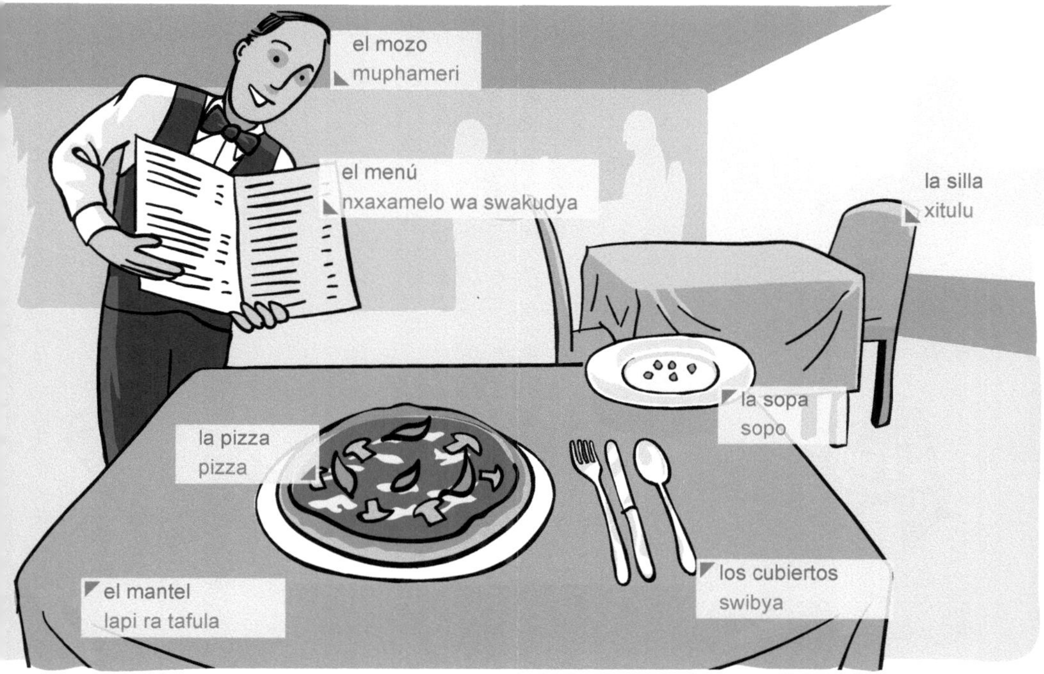
el mozo
muphameri
el menú
nxaxamelo wa swakudya
la silla
xitulu
la sopa
sopo
la pizza
pizza
los cubiertos
swibya
el mantel
lapi ra tafula

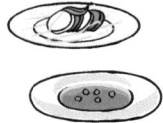

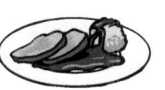

la entrada

swakudya swa ku naveta

el plato principal

swakudya

el postre

swo rhelerisa

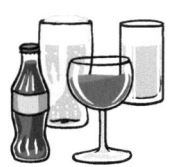

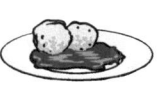

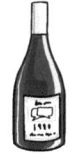

las bebidas

swakunwa

la comida

swakudya

la botella

bodlhela

la comida rápida

swakudya swa xihatla

la comida callejera

swakudya swa le ndleleni

la tetera

mbita ya tiya

la azucarera

xibye xa chukela

la porción

xiphemu

la cafetera expreso

muchini wa espresso

la sillita alta

xitulu xa le henhla

la cuenta

swikweleti

la bandeja

thireyi

el cuchillo

mukwana

el tenedor

foroko

la cuchara

lepula

la cucharita

xilepulana

la servilleta

phepha ro sula nomu

el vaso

nghilazi

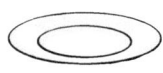

el plato

pleti

el plato hondo

pleti ya sopo

el plato

sosara

la salsa

murhu

el salero

xilo xo chele munyu

el molinillo de pimienta

xilo xo gaya

el vinagre

vhiniga

el aceite

mafurha

las especias

swinyunyeteri

el kétchup

ketchup

la mostaza

mustard

la mayonesa

mayonasi

el supermercado
xitolo le xikulu swinene

la oferta especial
nyiko yo hlawuleka
FOR
el cliente
muxavi
los lácteos
ntsamba
la fruta
mihandzu
el changuito
xikocikara

BUTCHERS

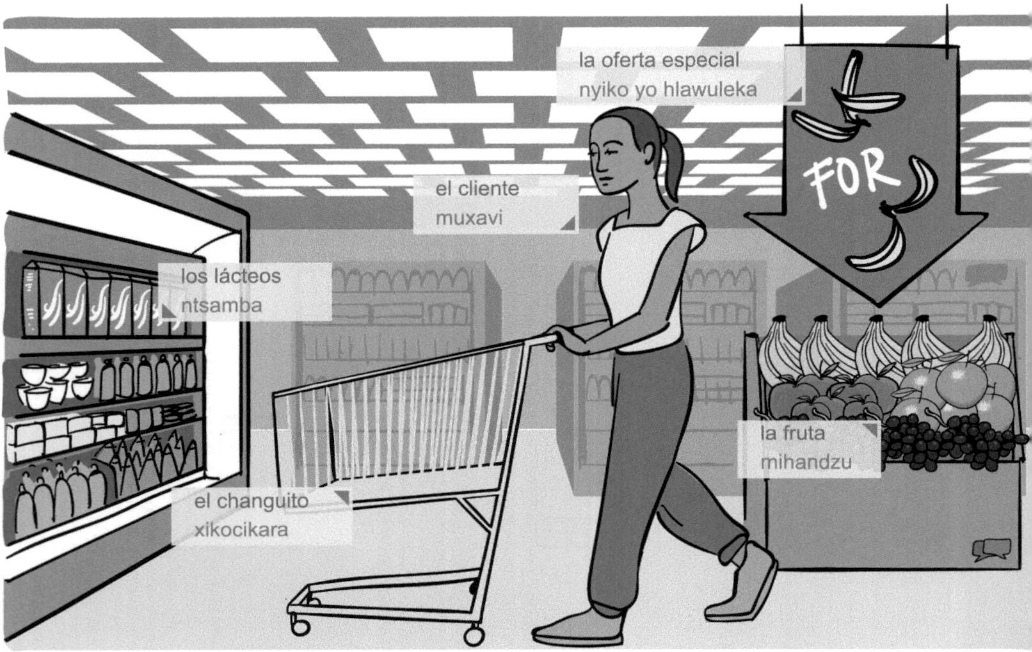

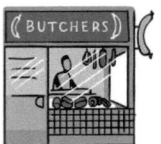

la carnicería

buchara

BAKERY

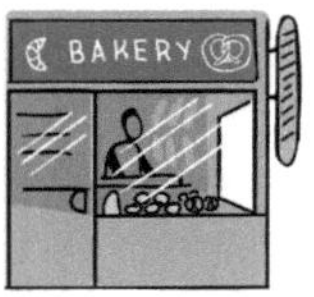

la panadería

bekari

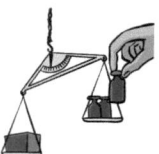

pesar

ringanyeta

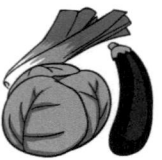

las verduras

swimila

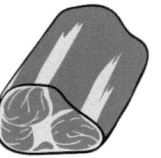

la carne

nyama

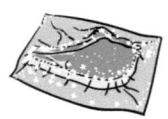

los alimentos congelados

swakudya swo titimela

los fiambres

nyama

los alimentos enlatados

swakudya leswi nga thinini

el detergente en polvo

mapa yo hlanswa

las golosinas

malekere

los electrodomésticos

switirhisiwa swa le ndlwini

los productos de limpieza

swilo swo basisa

la vendedora

munhu wo xavisa

la caja

thili

el cajero

muamukeli wa timali

la lista de compras

axamelo wa swo xaviwa

el horario de atención

nkarhi wa ku tirha

la billetera

nkwama wa mali

la tarjeta de crédito

khadi ra xikweleti

la cartera

nkwama

la bolsa de plástico

nkwama wa pulasitiki

el agua

mati

el jugo

ntsutsu

la leche

meleke

la bebida cola

coke

el vino

vhinyo

la cerveza

byalwa

el alcohol

byala

el cacao

cocoa

el té

tiya

el café

kofi

el café expreso

espresso

el cappuccino

cappuccino

la banana

banana

la manzana

apula

la naranja

lamula

el melón

kalabatla

el limón

swiri

la zanahoria

kherotsi

el ajo

swinyalana

el bambú

musengele

la cebolla

nyala

el champiñón

swikowa

las nueces

timanga

los fideos

makaroni ya nyama

los tallarines

spaghetti

el arroz

rhayisi

la ensalada

saladi

las papas fritas

machipisi

las papas fritas

nhlata wo katingiwa

la pizza

pizza

la hamburguesa

hamburger

el sándwich

xinkwa

el churrasco

cutlet

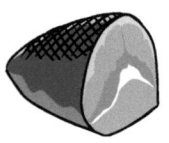

el jamón

ham

el salame

salami

la salchicha

soseji

el pollo

huku

el asado

katinga

el pescado

hlampfi

los copos de avena

oats

el muesli

muesli

los copos de maíz

rivele-ndzoho

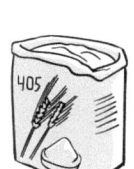

la harina

filawa

la medialuna

bantsi

el pancito

xinkwa

el pan

xinkwa

la tostada

xinkwa xo oxiwa

las galletitas

makokisi

la manteca

botere

la cuajada

ribomba ra tswamba

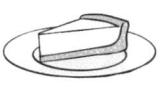

la torta

khekhe

el huevo

tandza

el huevo frito

matandza lama katingiweke

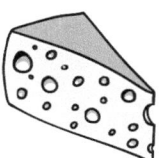

el queso

chizi

el helado

ayisi khrimi

el azúcar

chukela

la miel

vulombe

la mermelada

jamu

la pasta de chocolate

botere ya chokoleti

el curry

curry

la granja
purasi

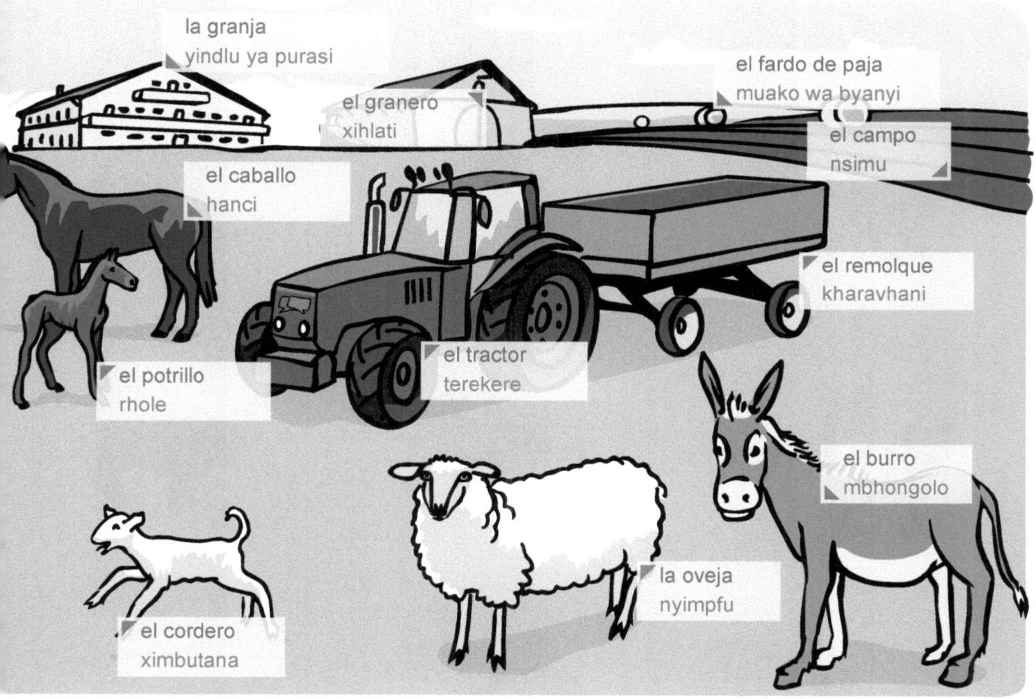

la granja
yindlu ya purasi
el granero
xihlati
el fardo de paja
muako wa byanyi
el campo
nsimu
el caballo
hanci
el remolque
kharavhani
el potrillo
rhole
el tractor
terekere
el burro
mbhongolo
la oveja
nyimpfu
el cordero
ximbutana

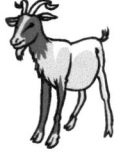

la cabra
mhunti

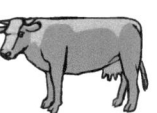

la vaca
homu

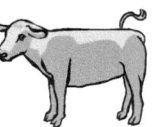

el ternero
rhole

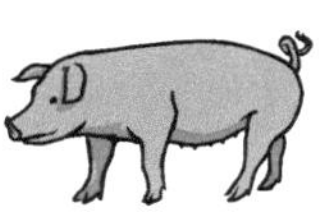

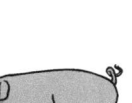

el cerdo
nguluve

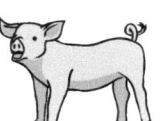

el lechón
xingulubyana

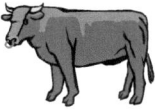

el toro
nkuzi

el ganso

sekwa

el pato

sweka

el pollo

xikukwana

la gallina

mbhaha

el gallo

nkuku

la rata

kondlo

el gato

ximanga

el ratón

kondlo

el buey

homu

el perro

mbyana

la cucha

yindlu ya mbyana

la manguera

payipi ya mati

la regadera

xilo xo chelela mati

la guadaña

nsimbi yo tsema

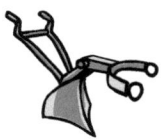

el arado

xikomu

la hoz

sikele

la azada

xikomu

la horquilla

foroko le yikulu

el hacha

xihloka

la carretilla

bara

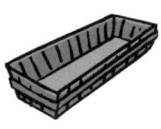

el abrevadero

xitsengele

la lechera

xilo xo chela ntswamba

la bolsa

saka

la reja

rirhangu

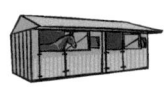

el establo

xivala

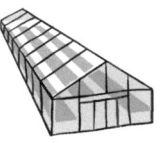

el invernadero

yindlu ya vuhlayiselo bya swimilana

el suelo

misava

la semilla

mbewu

el fertilizador

swinonisi

la cosechadora

muchini wa ku tshovela

cosechar

tshovela

la cosecha

ntshovelo

las batatas

mintsumbula

el trigo

koroni

la soja

tinyawa

la papa

nhlata

el maíz

koroni

la semilla de colza

rapeseed

el árbol frutal

nsinya wa mihandzu

la mandioca

ntsumbula

los cereales

swakudya swa tidzoho

la casa
yindlu

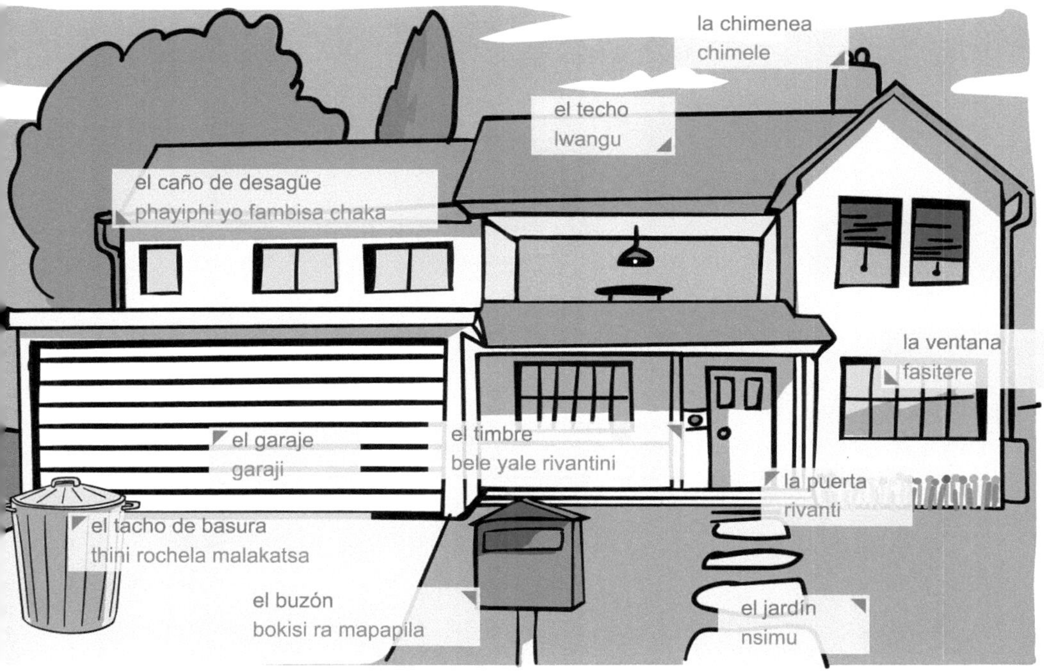

la chimenea
chimele
el techo
lwangu
el caño de desagüe
phayiphi yo fambisa chaka
la ventana
fasitere
el garaje
garaji
el timbre
bele yale rivantini
la puerta
rivanti
el tacho de basura
thini rochela malakatsa
el buzón
bokisi ra mapapila
el jardín
nsimu

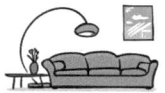

el living

kamara ro tshama

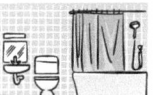

el baño

kamara yo hlambela

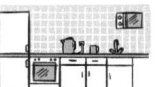

la cocina

khishini

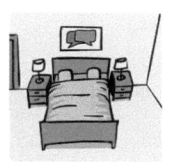

el dormitorio

kamera ro etlela

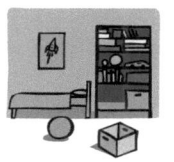

el cuarto de los chicos

kamana ya vana

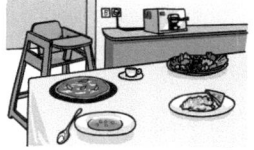

el comedor

ndhawu yo dyela

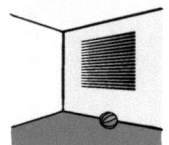

el piso

ehansi

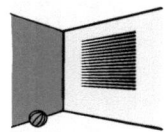

la pared

khumbi

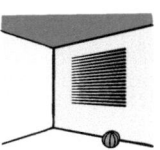

el cielorraso

silingi

el sótano

kamera ra le hansi

el sauna

phungula

el balcón

rikupakupa

la terraza

tshala

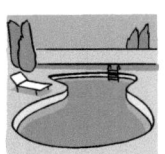

la pileta

damu

la cortadora de pasto

muchini wo tsema byanyi

la sábana

nkumba

el acolchado

swo andlalela mubedo

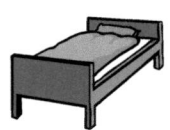

la cama

mubedo

la escoba

nkukulu

el balde

bakiti

el interruptor

swichi

el living
kamara ro tshama

el empapelado
phepha ra le khumbini
la imagen
xifaniso
la lámpara
rivoni
el estante
xelufu
el armario
khabodo
la televisión
thelevhixini
la chimenea
xitiko
la flor
xiluva
el almohadón
xikhengele
el sofá
sofa
el florero
mbita
el control remoto
xilawula-kule

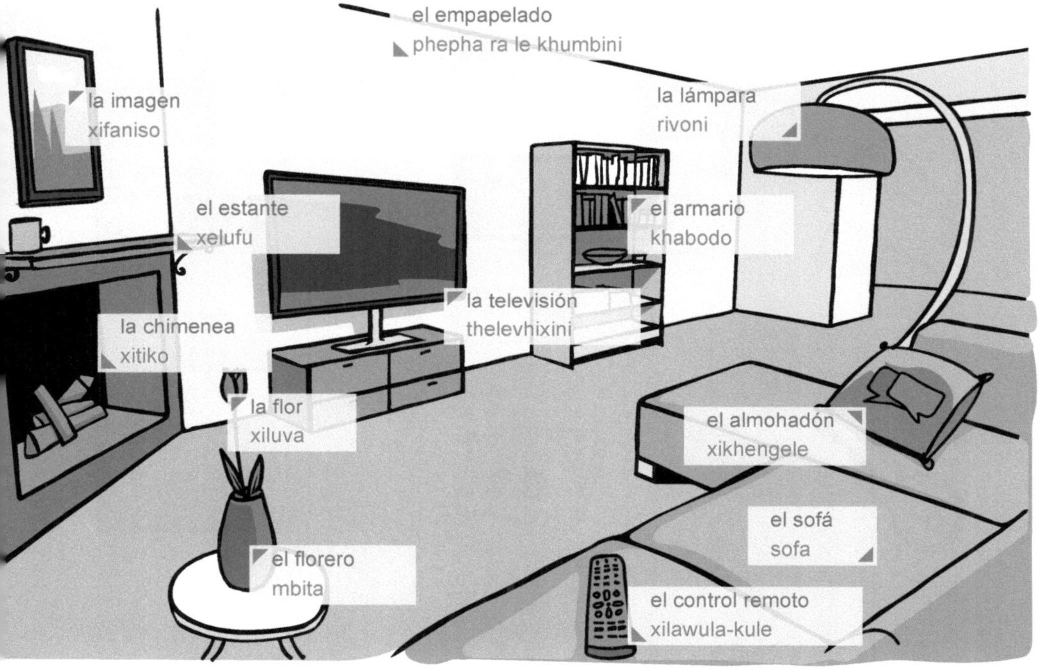

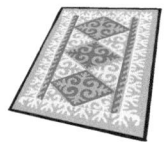

la alfombra
khapete

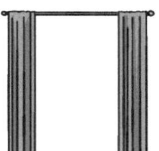

la cortina
khethenisi

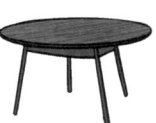

la mesa
tafula

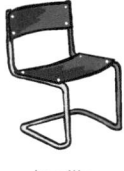

la silla
xitulu

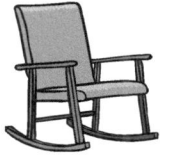

la mecedora
xitulu xo mbuwetela

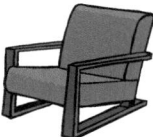

el sillón
xitulu xo tlhandleka mavoko

el libro

buku

la frazada

nkumba

la decoración

nkhaviso

la leña

tihunyi

la película

filimi

el equipo de música

muchini wa hi-fi

la llave

xinotlelo

el diario

phepha-hungu

la pintura

xifaniso lexi vatliweke

el póster

bodo ya xifaniso

la radio

xiya-ni-moya

el cuaderno

buku yo tsala tinhla

la aspiradora

hoover

el cactus

xiluva xa cactus

la vela

khandlela

la cocina
khishini

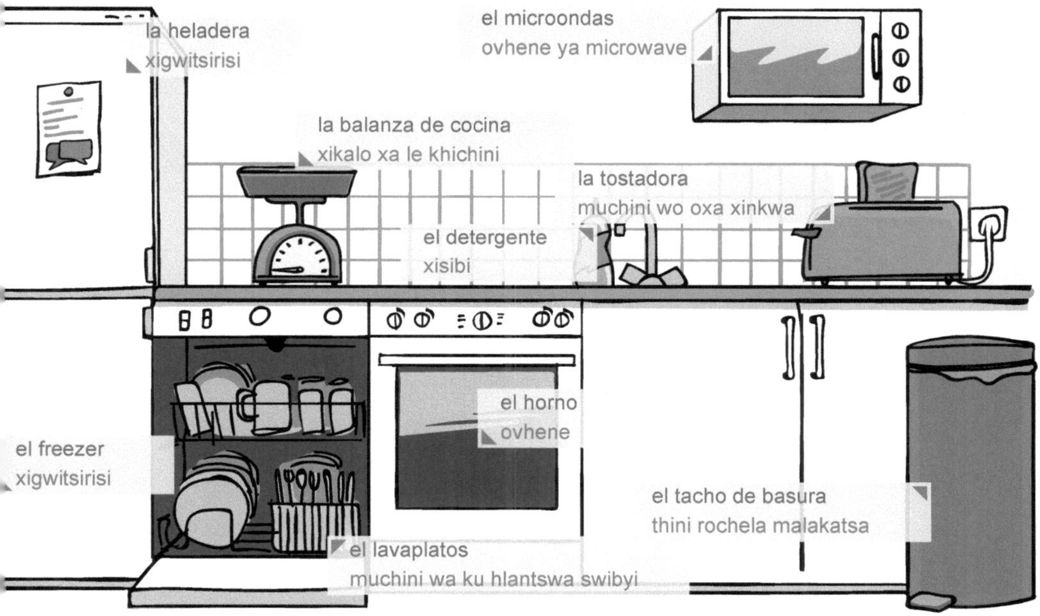
la heladera
xigwitsirisi
el microondas
ovhene ya microwave
la balanza de cocina
xikalo xa le khichini
la tostadora
muchini wo oxa xinkwa
el detergente
xisibi
el horno
ovhene
el freezer
xigwitsirisi
el tacho de basura
thini rochela malakatsa
el lavaplatos
muchini wa ku hlantswa swibyi

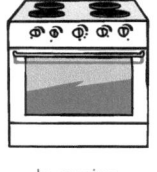

la cocina

mosweki

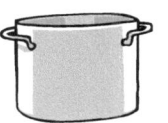

la olla

poto

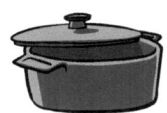

la olla de hierro fundido

poto ra nsimbi

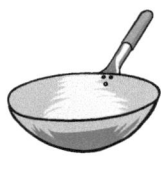

el wok

nbita yo swekela / kadai

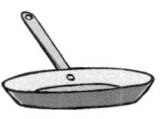

la sartén

pani

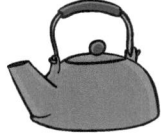

la pava

ketlele

la vaporera

xo sweka hi nkahelo

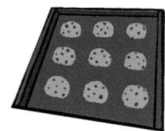

la bandeja de horno

thireyi ya ku baka

la vajilla

swibya

la taza

xikomichana

el bol

ximbitana

los palitos

ti-chopstick

el cucharón

xipunu

la espátula

spatula

la batidora

muchini wo hlanganisa

el colador

sefo

el colador

xisefo

el rallador

xilo xo tsemelela

el mortero

xibye

la parrilla

nyama yo oshiwa

la fogata

ndzilo

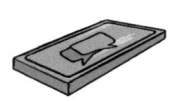

la tabla de picar

bodo ya ku tsemelela

el palo de amasar

mhandzi yo andlala fulawa

el sacacorchos

xo pfula mabodlhela

la lata

thini

el abrelatas

xo pfula mathini

la manopla

xo khoma poto

la pileta

zinki

el cepillo

buracha

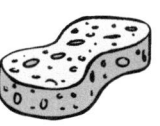

la esponja

xiponci

la batidora

xilo lexi hlanganiselaka

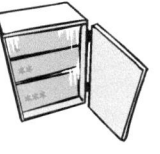

el congelador

xigwitsirisi

la mamadera

bodlhela ra n'wana

la canilla

pompi

el baño

kamara yo hlambela

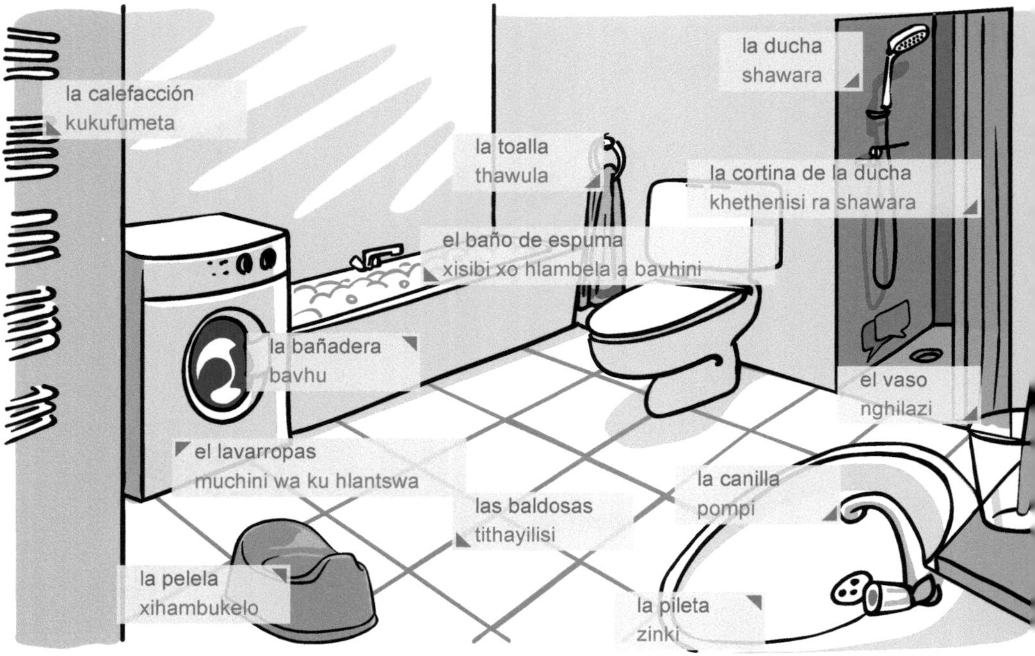

la ducha
shawara
la calefacción
kukufumeta
la toalla
thawula
la cortina de la ducha
khethenisi ra shawara
el baño de espuma
xisibi xo hlambela a bavhini
la bañadera
bavhu
el vaso
nghilazi
el lavarropas
muchini wa ku hlantswa
la canilla
pompi
las baldosas
tithayilisi
la pelela
xihambukelo
la pileta
zinki

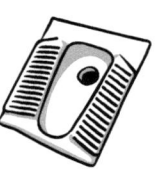

el inodoro

xihambukelo

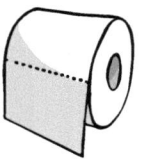

la letrina

xihambukelo

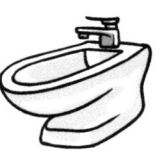

el bidé

bidet

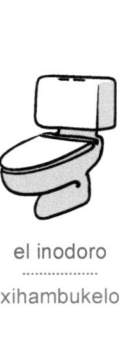

el mingitorio

ndhawu yo tsakamisela

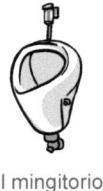

el papel higiénico

papila ra xihambukelo

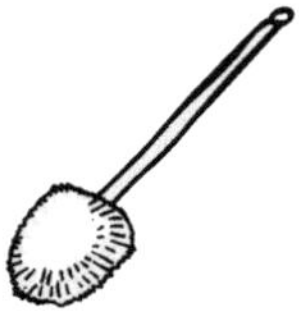

el cepillo para el inodoro

burachi bya xihambukelo

el cepillo de dientes

burachi bya meno

el dentífrico

xisibi xa meno

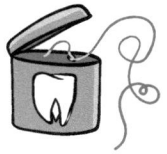

el hilo dental

xo basisa exikarhi ka meno

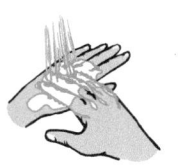

lavar

hlamba

la ducha de mano

xawara yo khomiwa hivoko

la ducha higiénica

douche

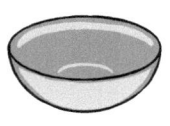

la palangana

xihlambelo

el cepillo para la espalda

buracha ra nhlana

el jabón

xisibi

el gel de ducha

xisibi xa xawara

el shampoo

shampoo

la toallita

swilapana

el desagüe

xinambyana

la crema

rivomba

el desodorante

xinhuherisi

el baño - kamara yo hlambela

el espejo

xivoni

el espejito

xivoni xo khomiwa hivoko

la maquinita de afeitar

rikarhi

la espuma de afeitar

xisibi so susa malevu

el aftershave

mafurha ya kutola loku u
heta ku tsemeta malevu

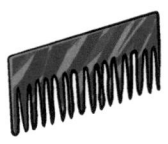

el peine

kama

el cepillo

buracha

el secador de pelo

muchini wo omisa mosisi

el spray

mafurha yo tola mosisi

el maquillaje

xo tisasekisa

el lápiz de labios

xotota nomo

el esmalte para uñas

xo tota minwala

el algodón

kotoni

la tijera para uñas

xo tsema minwala

el perfume

xinhuherisi

el portacosméticos

nkwama wa le
xihambukelweni

la banqueta

nchuluko

la balanza

xikalo

la bata

nguvu yo hlamba

los guantes de goma

tiglovhu ta raba

el tampón

tampon

la toallita femenina

thawula ra ku basisa

el baño químico

xihambukelo xa le handle

el cuarto de los chicos
kamana ya vana

el despertador
alamu ya wachi
el peluche
xo tlanga sa ku etlela
el coche de juguete
movha ya ku tlangisa
el sonajero
xokocokoco
la casa de muñecas
yindlu ya swipopana
el regalo
nyiko

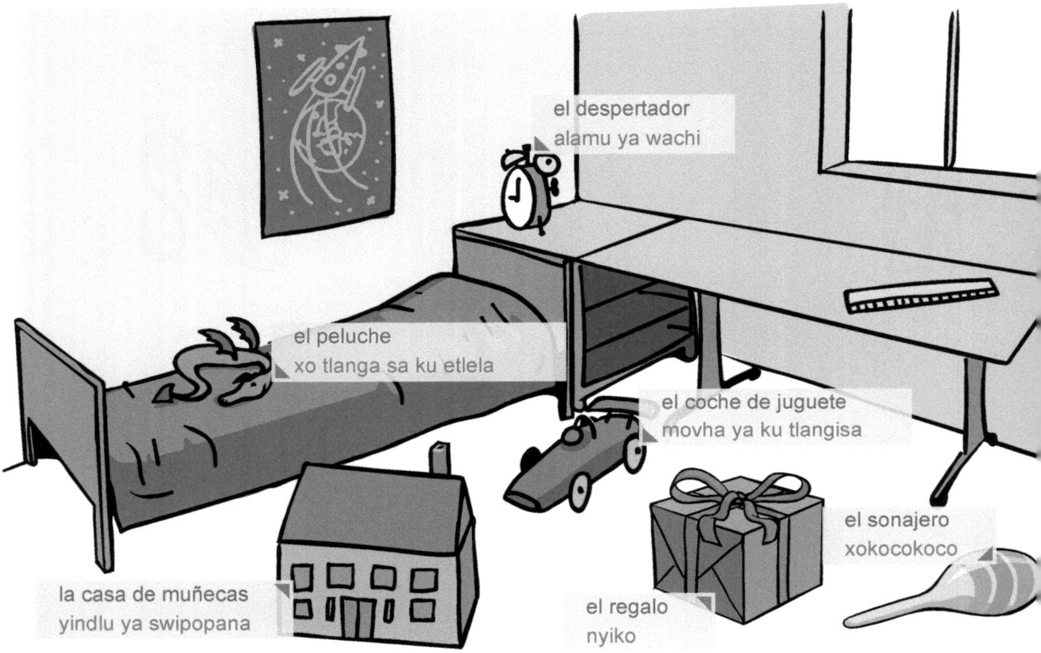

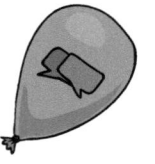

el globo

baluni

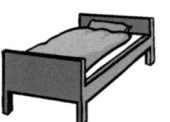

la cama

mubedo

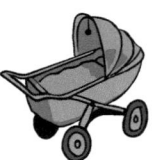

el cochecito

pureme

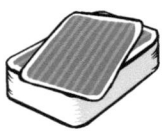

las cartas

makhadi

el rompecabezas

jigsaw

SUPER MEGA

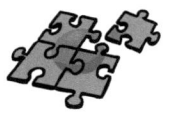

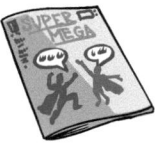

la historieta

khomiki

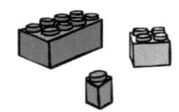

las piezas de lego

switina swa lego

los ladrillos de juguete

swiaki

la figura de acción

xo tlanga xa vana

el enterito (de bebé)

swiambalo swa nwana

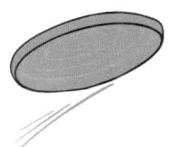

el frisbee

Frisbee

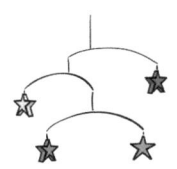

el móvil para bebés

mobile

el juego de mesa

ntlango wa le bodweni

los dados

dayisi

el tren eléctrico

xitimela xo tlanga

el chupete

xo tlangisa vana

la fiesta

nkhuvo

el libro de cuentos ilustrado

buku ya swifaniso

la pelota

bolo

la muñeca

xipopana

jugar

tlanga

el arenero

khele ra sava

la hamaca

muchinginya

los juguetes

swilo swo tlangisa

la consola de videojuegos

mintlango ya vhidiyo

el triciclo

xithuthuthu xa mivhilwa manharhu

tibere to tlangisa

el osito de peluche

tibere to tlangisa

el armario

wadirobo

la ropa

swiambalo

las medias

masokisi

las medias panty

masokisi

las calzas

buruku byo tlimba

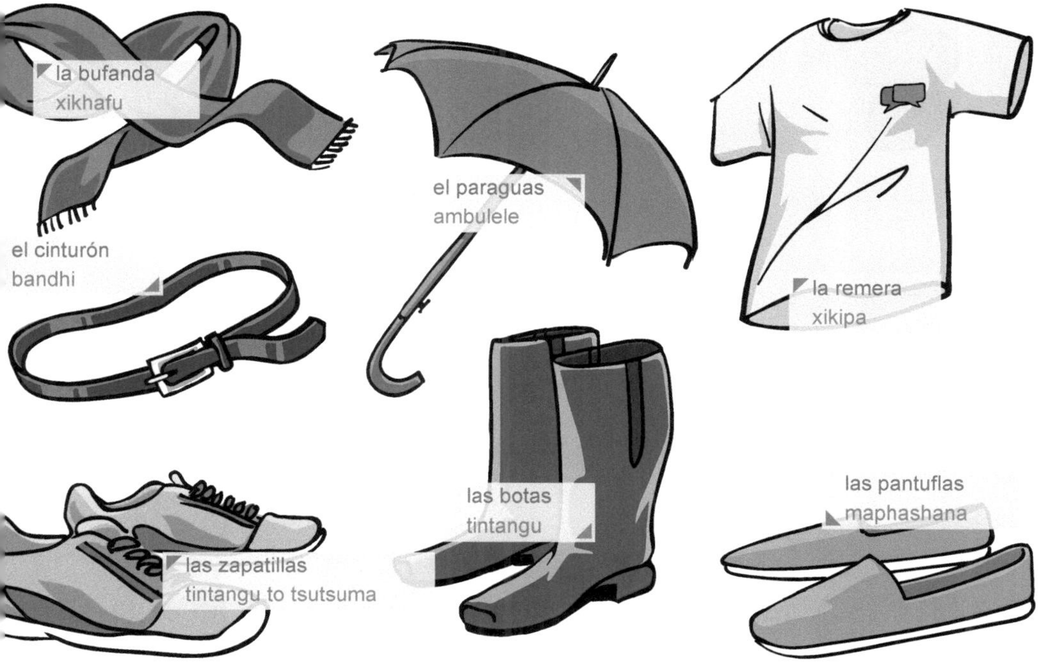

la bufanda
xikhafu

el paraguas
ambulele

la remera
xikipa

el cinturón
bandhi

las botas
tintangu

las pantuflas
maphashana

las zapatillas
tintangu to tsutsuma

las sandalias
maphashana

los zapatos
tintangu

las botas de goma
majombo ya raba

la ropa interior
maburuko ya le ndzeni

el corpiño
bodi

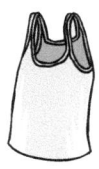

el chaleco
xikipa xa le ndzeni

el body

miri

los pantalones

maburuko

los jeans

bokati

la pollera

xiketi

la blusa

bulawusi

la camisa

hembe

el pulóver

jesi

el buzo

jazi ro fingeneta nhloko

el blazer

buleyizara

la campera

baji

el tapado

nghuvo

el piloto

jazi rampfula

el traje

swiambalo

el vestido

swiambalo

el vestido de novia

rhoko ya mucato

el traje

sudu

el camisón

xiambalo xo etlela

el pijama

swi ambalo swo etlela

el sari

sari

el pañuelo para la cabeza

xikhafu

el turbante

duku

la burka

burqa

el caftán

swi ambalo

la abaya

abaya

el traje de baño

wiambalo swo hlambela

el short de baño

maburuko ya le ndzeni

los shorts

buruku ro koma

el jogging

tracksuit

el delantal

fasikoti

los guantes

maglilavhu

el botón

kunupu

los anteojos

manghilazi ya mahlo

la pulsera

sindza

el collar

vuhlalu

el anillo

xingwaxila

el aro

vo sasekisa tindleve

la gorra

kepisi

la percha

hangara ya nghuvo

el sombrero

xigqoko

la corbata

thayi

el cierre

zipi

el casco

xihuku

los tiradores

minxongotelo

el uniforme escolar

swiambalo swa xikolo

el uniforme

yunifomo

el babero

bibi

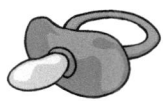

el chupete

xo tlangisa vana

el pañal

leyiri

la oficina
hofisi

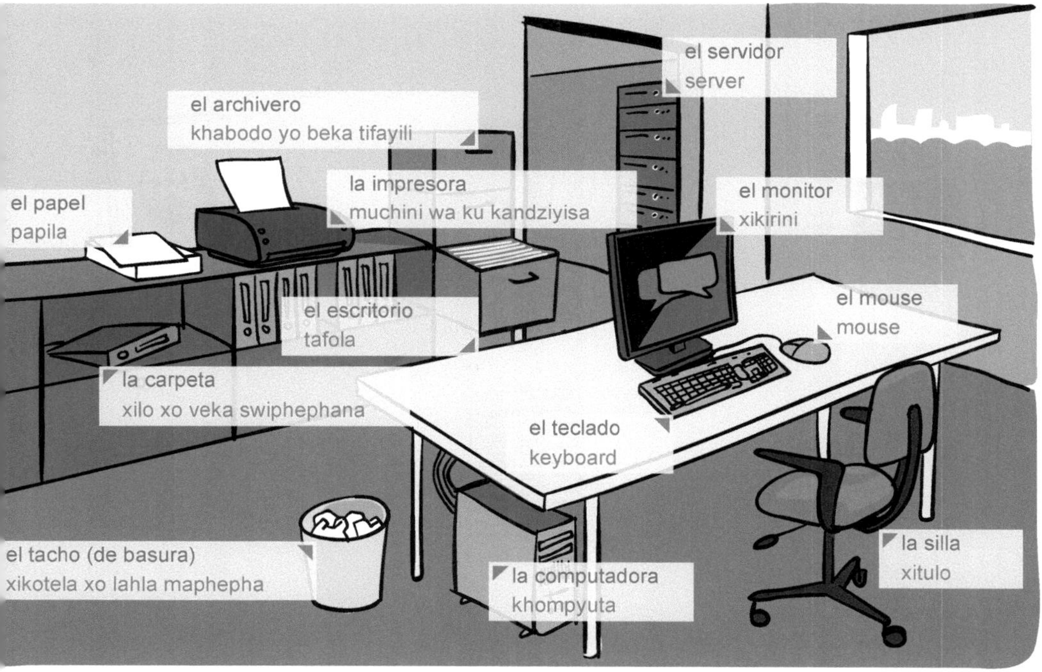

el servidor
server

el archivero
khabodo yo beka tifayili

la impresora
muchini wa ku kandziyisa

el monitor
xikirini

el papel
papila

el mouse
mouse

el escritorio
tafola

la carpeta
xilo xo veka swiphephana

el teclado
keyboard

el tacho (de basura)
xikotela xo lahla maphepha

la silla
xitulo

la computadora
khompyuta

la taza de café

bikiri ra kofi

la calculadora

muchini wo hlaya

el internet

internet

la laptop

laptop

la carta

papila

el mensaje

rungula

el celular

foni

la red

network

la fotocopiadora

muchini wo endla tikopi

el software

progreme ya khompyuta

el teléfono

riqingho

el tomacorriente

pulagi ya gezi

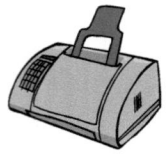

el fax

muchini wo rhumela rungula

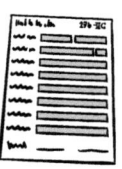

el formulario

fomo

el documento

papila

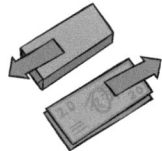

comprar
xava

pagar
hakela

hacer negocios
xavisa

el dinero
mali

el dólar
dolara

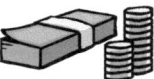

el euro
euro

el yen
yen

el rublo
rouble

el franco suizo
Swiss franc

el yuan
renminb yuan

la rupia
rupee

el cajero automático
muchini wa mali

la casa de cambio

ndhawu yo cinca mali

el oro

nsuku

la plata

silivhere

el petróleo

mafurha

la energía

matimba

el precio

hakelo

el contrato

ntwanano

el impuesto

xibalo

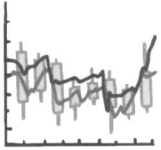

la acción

nundzu ya timali

trabajar

tirha

el empleado

mutirhi

el empleador

mothorhi

la fábrica

fektri

el negocio

xitolo

las ocupaciones
mintirho

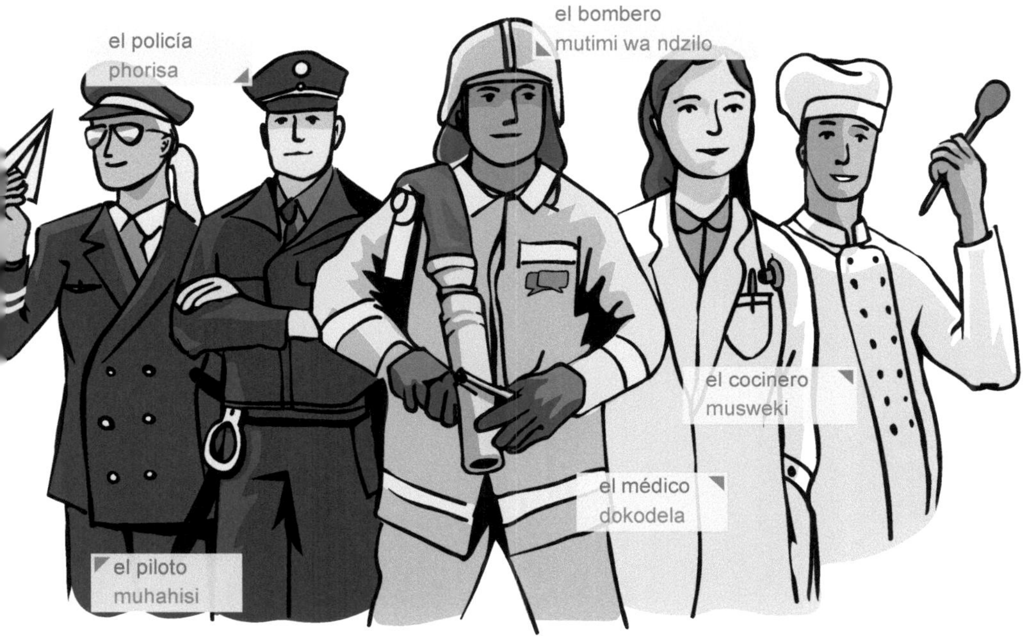
el bombero
mutimi wa ndzilo
el policía
phorisa
el cocinero
musweki
el médico
dokodela
el piloto
muhahisi

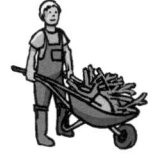

el jardinero

muhlayi wa ntanga

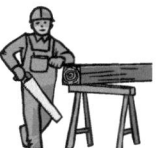

el carpintero

muvatli

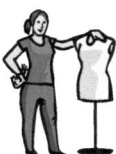

la modista

murungi

el juez

muavanyisi

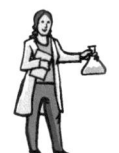

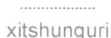

el farmacéutico

xitshunguri

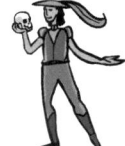

el actor

mutlangi

el colectivero

muchaeri wa tibazi

el taxista

muchayeri wa thekisi

el pescador

muphasi wa tinhlampfi

la mucama

wansati wa ku basisa

el techista

mufuleri

el mozo

muphameri

el cazador

muhloti

el pintor

mupendi

el panadero

mubaki

el electricista

mutivi wagezi

el albañil

muaki

el ingeniero

munjiniyara

el carnicero

muxavisi wa nyama

el plomero

muplambara

el cartero

muheleketi wa poso

el soldado

socha

el arquitecto

mumpfampfarhuti

el cajero

muamukeli wa timali

el florista

muxavisi wa swiluva

el peluquero

mululamisi wa misisi

el cobrador

mufambisi

el mecánico

unhu wo lungisa timovha

el capitán

mulawuri

el dentista

dokotela wa matinho

el científico

mutivi wa sayensi

el rabino

mufundisi

el imán

murhangeri

el monje

nghwendza

el sacerdote

mfundisi

las herramientas
switirhisiwa

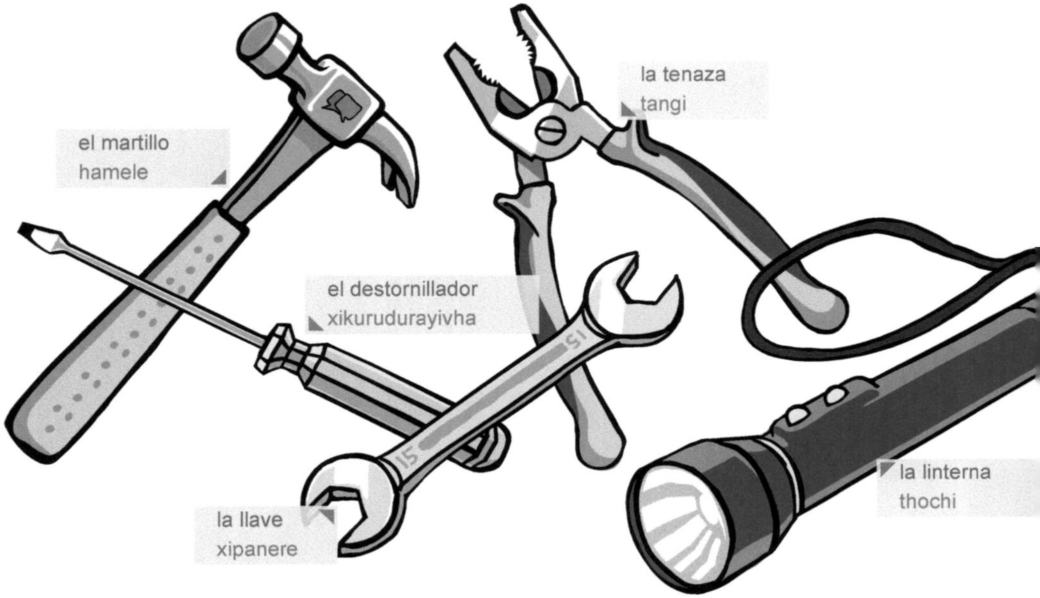

el martillo
hamele
la tenaza
tangi
el destornillador
xikurudurayivha
la llave
xipanere
la linterna
thochi

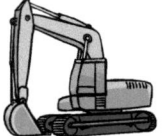

la excavadora

muchini wo cela

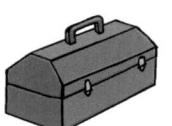

la caja de herramientas

bokisi ra switirhisiwa

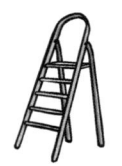

la escalera portátil

xitepisi

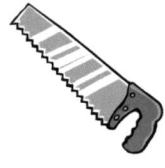

la sierra

saha

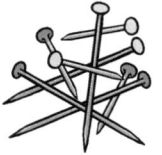

los clavos

swipikiri

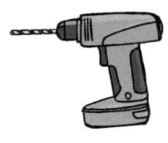

el taladro

muchini wo boxa

arreglar

lunghisa

la pala de jardín

foxolo

¡Qué bronca!

Thyaka!

la pala de plástico

chumu wo susa ritshuri

el tacho de pintura

mbita ya pende

los tornillos

bawuti

los instrumentos musicales
swichayachayana

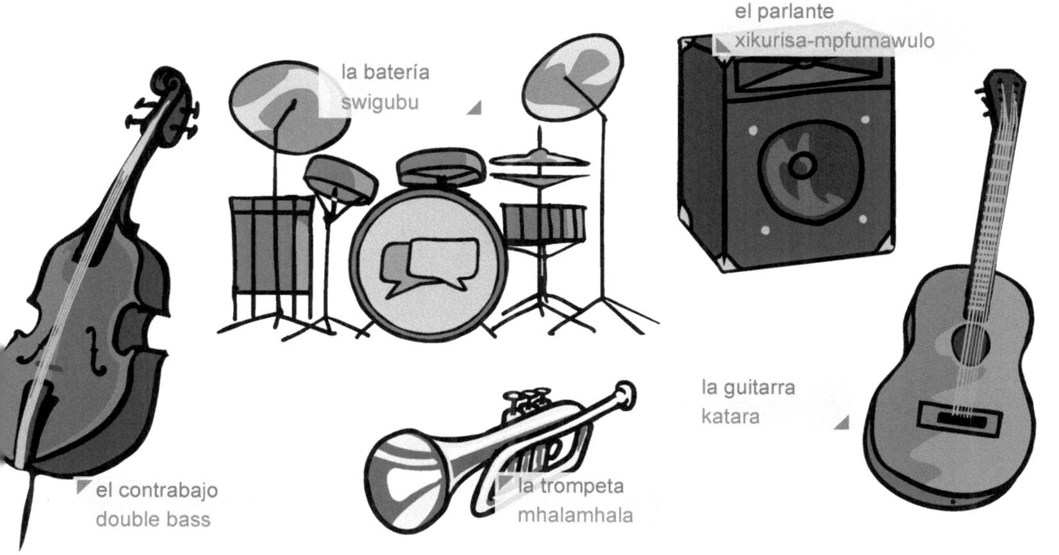

el parlante
xikurisa-mpfumawulo

la batería
swigubu

la guitarra
katara

el contrabajo
double bass

la trompeta
mhalamhala

el piano

piyano

el violín

violin

el bajo

bass

los timbales

timpani

el tambor

xigubu

el teclado

keyboard

el saxofón

saxophone

la flauta

xitiringo

el micrófono

xikurisa-marito

el zoológico

ntanga wa swiharhi

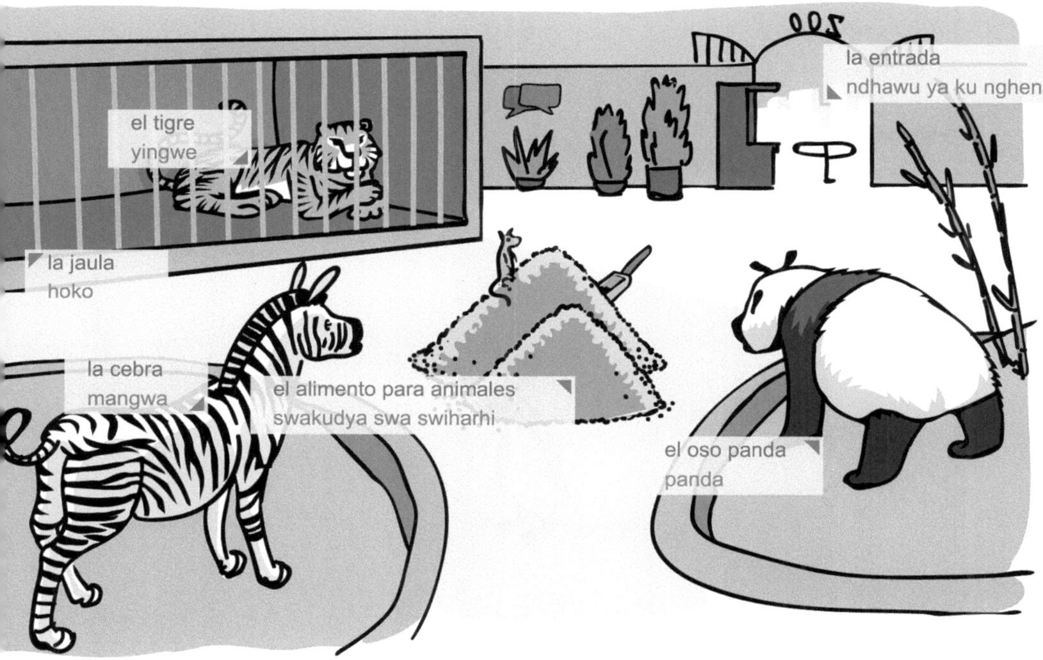

la entrada
ndhawu ya ku nghena
el tigre
yingwe
la jaula
hoko
la cebra
mangwa
el alimento para animales
swakudya swa swiharhi
el oso panda
panda

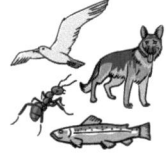

los animales

swiharhi

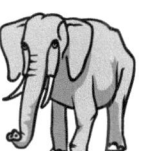

el elefante

ndlopfu

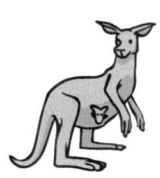

el canguro

xinjhenghwe

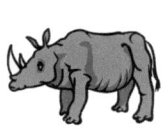

el rinoceronte

mhelembe

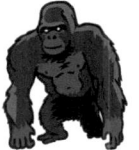

el gorila

gorila

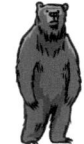

el oso

bere

el camello

kamela

el avestruz

yintsha

el león

nghala

el mono

nkawu

el flamenco

flamingo

el loro

hokwe

el oso polar

bere

el pingüino

penguin

el tiburón

shaka

el pavo real

hanti

la serpiente

nyoka

el cocodrilo

ngwenya

el cuidador del zoológico

muhlayisi wa mintanga ya swiharhi

la foca

seal

el jaguar

jaguar

el poni

hanci

el leopardo

yingwe

el hipopótamo

mpfuvu

la jirafa

nhutlwa

el águila

gama

el jabalí

ngluve ya nhova

el pescado

hlampfi

la tortuga

mfutsu

la morsa

nyimpfu ya le lwandle

el zorro

mhungubye

la gacela

mhala

el fútbol americano
bolo ya le Amerika

el ciclismo
kufamba hi xi kanyakanya

el tenis
tennis

el básquet
basketball

la natación
kuhlambela

el boxeo
ntlango wa ku bana

el hockey sobre hielo
khororo ya le ayisini

el fútbol
bolo

el bádminton
badminton

el atletismo
mintlango

el handball
bolo ya mavoko

el esquí
kureta e gambokweni

el polo
polo

saltar
tlula

reír
hleka

abrazar
angara

cantar
yimbelela

caminar
famba

rezar
khongela

besar
ntswontswa

soñar
lora

escribir
tsala

dibujar
dirowa

mostrar
komba

presionar
dlidlimeta

dar
nyika

tomar
teka

tener

yi va

hacer

endla

ser

ku va

estar parado

yima

correr

tsutsuma

tirar

koka

tirar

lahlela

caer

wana

estar acostado

hemba

esperar

rindza

llevar

rhwala

estar sentado

tshama

vestirse

ambala

dormir

tlela

despertar

pfuka

las actividades - mintirho

mirar

languta

llorar

rila

acariciar

bana

peinar

kama

hablar

vulavula

entender

twisisa

preguntar

vutisa

escuchar

yingisa

beber

nwana

comer

dyana

ordenar

basisa

amar

randza

cocinar

sweka

manejar

chayela

volar

haha

navegar

tluta

calcular

hlaya

leer

hlaya

aprender

hlaya

trabajar

tirha

casarse

teka

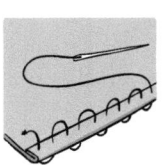

coser

rhunga

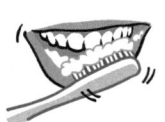

cepillarse los dientes

kuhlamba meno

matar

dlaya

fumar

dzaha

enviar

rhumela

...ela
...na wa xisati

el abuelo
kokwana wa xinuna

el padre
tatana

la madre
mana

el bebé
nwana

la hija
n'wana wa nwanyana

el hijo
n'wana wa mfana

el invitado

muendzi

la tía

hahani

el tío

malume

el hermano

makwerhu

la hermana

makwrhu

el cuerpo

miri

la frente
mombo
el ojo
tihlo
el hombro
katla
el dedo
ritiho
la cara
xikandza
la pera
xilebvu
la mano
voko
la pierna
nenge
el pecho
bele
el brazo
voko

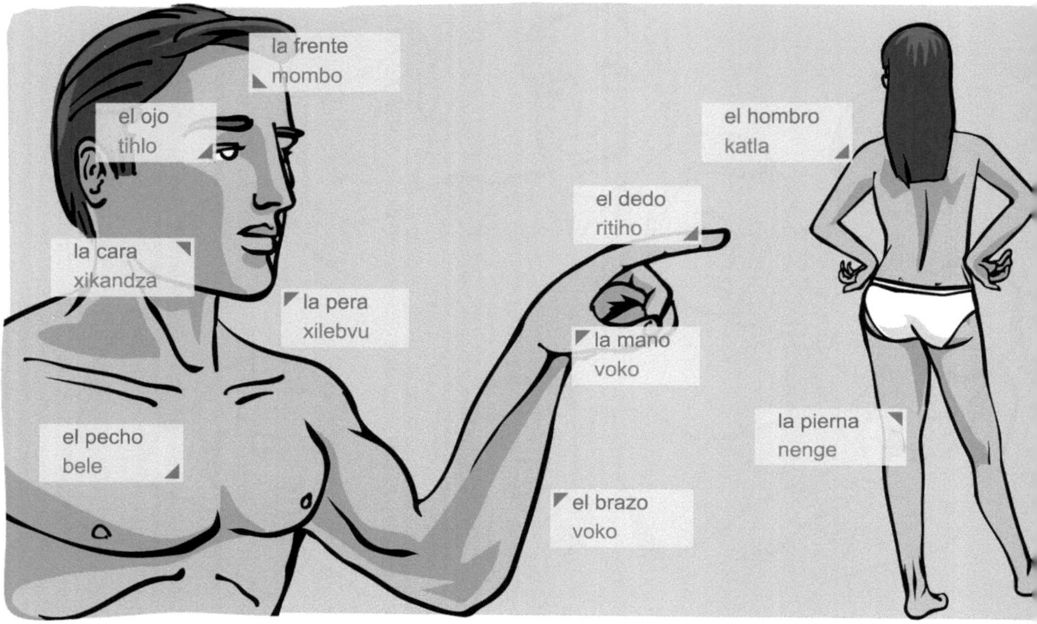

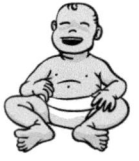

el bebé

nwana

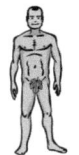

el hombre

n'wanuna

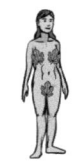

la mujer

nw'ansati

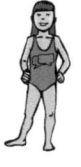

la nena

nhwanyana

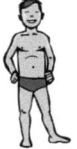

el nene

mfana

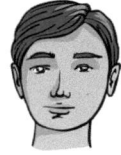

la cabeza

nhloko

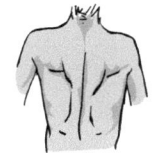

la espalda

nhlana

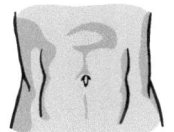

la panza

khwiri

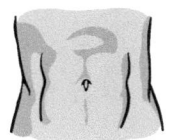

el ombligo

nkava

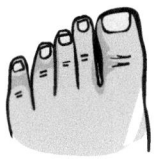

el dedo del pie

xikunwani

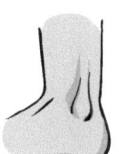

el talón

xirhenze

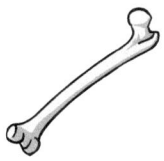

el hueso

rhambu

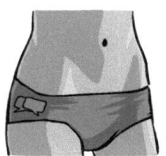

la cadera

nyonga

la rodilla

tsolo

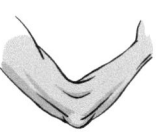

el codo

xikokola

la nariz

nompfu

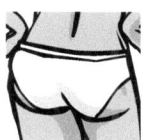

la cola

xisuti

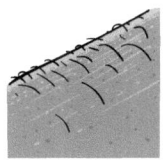

la piel

nhlonge

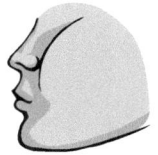

el cachete

rhama

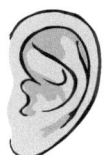

la oreja

ndlebe

el labio

nomu

la boca

nomu

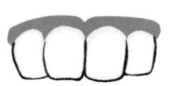

el diente

tinyo

la lengua

ririmi

el cerebro

byongo

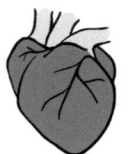

el corazón

mbilu

el músculo

nsiha

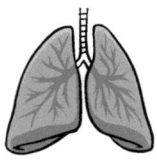

el pulmón

hahu

el hígado

vixindzi

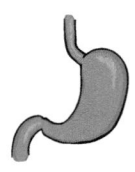

el estómago

khwiri

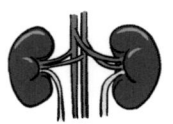

los riñones

tinso

el sexo

masangu

el preservativo

khondomu

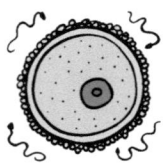

el óvulo

tandza

el semen

mbewu ya vununa

el embarazo

nyimba

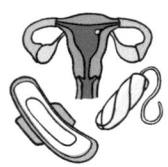

la menstruación
....
kuya enkarhini

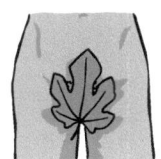

la vagina
....
muhocho

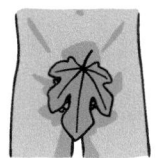

el pene
....
xiluma

la ceja
....
tinxiyi

el pelo
....
misisi

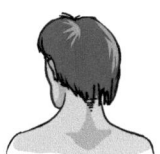

el cuello
....
nhamu

el hospital
xibedlhele

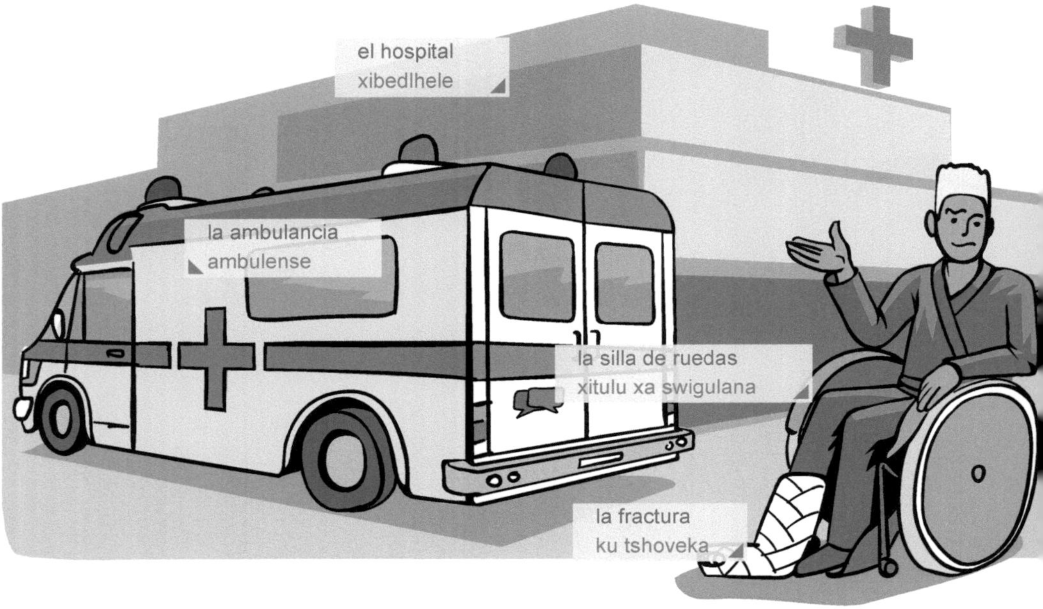

el hospital
xibedlhele
la ambulancia
ambulense
la silla de ruedas
xitulu xa swigulana
la fractura
ku tshoveka

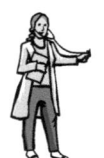

el médico

dokodela

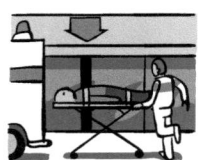

la sala de guardia

kamara ra xilamulela-mhango

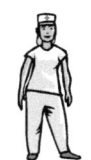

la enfermera

muongori

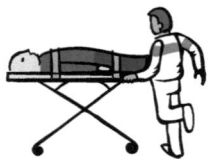

la emergencia

xihatla

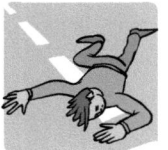

inconsciente

ku titivala

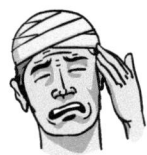

el dolor

kuvava

la lesión
ku vaviseka

la hemorragia
mpfempfa ngati

el infarto
ku hlaseriwa himbilu

el ACV
ku oma swirho

la alergia
rinyenyo

la tos
khohlola

la fiebre
xifumbu

la gripe
mukhuhlwana

la diarrea
nchuluko

el dolor de cabeza
ku pandza ka nhloko

el cáncer
khensa

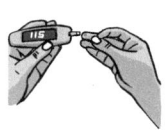

la diabetes
chukela

el cirujano
dokodela

el bisturí
mukwana

la operación
vuhandzuri

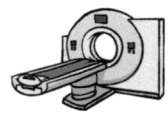

la TC

CT

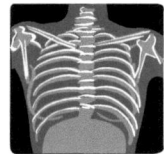

los rayos x

x-rheyi

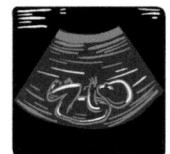

la ecografía

muchini wo yingisela
ntshuka-ntshuko

el barbijo

xo tipfala tinhomfu

la enfermedad

vuvabyi

la sala de espera

kamara ro rindza

la muleta

nhonga

la curita

semendhe

la venda

bandhichi

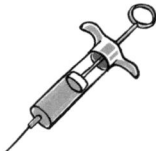

la inyección

neleta

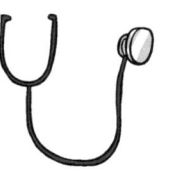

el estetoscopio

muchini wa madokodela wa
ku yingisa

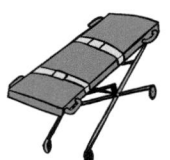

la camilla

rihlaka

el termómetro

xipima-mahiselo

el nacimiento

ku veleka

el sobrepeso

ku nyuhela

el audífono

swipfuneta-ku-twa

el desinfectante

khemikhale yo dlaya
switsongwatsongwana

la infección

switsongwatsongwana

el virus

xitsongwatsongwana

el VIH / SIDA

HIV / AIDS

el remedio

miri

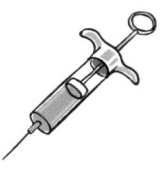

la vacunación

nayiti

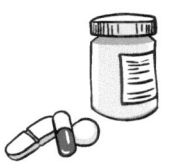

los comprimidos

maphilisi

la pastilla anticonceptiva

pilisi

llamada de emergencia

riqingho ra xihatla

el tensiómetro

muchini wo kamba
nsusumeto wa ngati

enfermo / sano

vabya / hanya

¡Ayuda!

Pfunani!

la alarma

bele

la agresión

ku hlaseriwa

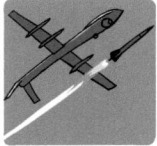

el ataque

hlasela

el peligro

khombo

la salida de emergencia

nyangwa wo huma loko ku
ri ni mhango

¡Fuego!

Ndzilo!

el matafuego

xo tima ndzilo

el accidente

mhangu

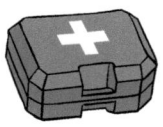

el botiquín de primeros
auxilios

bokisi ra xilamulela-mhango

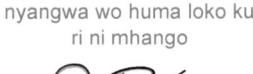

el SOS

SOS

la policía

phorisa

Europa

Yuropa

América del Norte

Amerika N'walungu

América del Sur

Amerika Dzonga

África

Afrika

Asia

Asia

Australia

Australia

el Atlántico

Atlantic

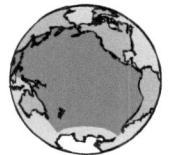

el Pacífico

Pacific

el Océano Índico

Lwandle-nkulu ra Indiya

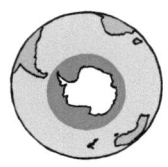

el Océano Antártico

wandle-nkulu ra Antarctic

el Océano Ártico

Lwandle-nkulu ra Arctic

el polo norte

North Pole

el polo sur

South Pole

la Antártida

Antarctica

la Tierra

Misava

la tierra

tiko

el mar

lwandle

la isla

xihlala

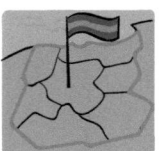

la nación

rixaka

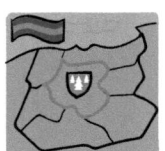

el estado

tiko

la esfera

xikomba nkarhi

la manecilla de las horas

xikomba-tiawara

el minutero

xikomba-timineti

el segundero

xikomba-tisekoni

¿Qué hora es?

I nkarhi muni?

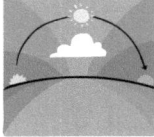

el día

siku

la hora

nkarhi

ahora

sweswi

el reloj digital

wachi leyi tshavatelaka

el minuto

minete

la hora

awara

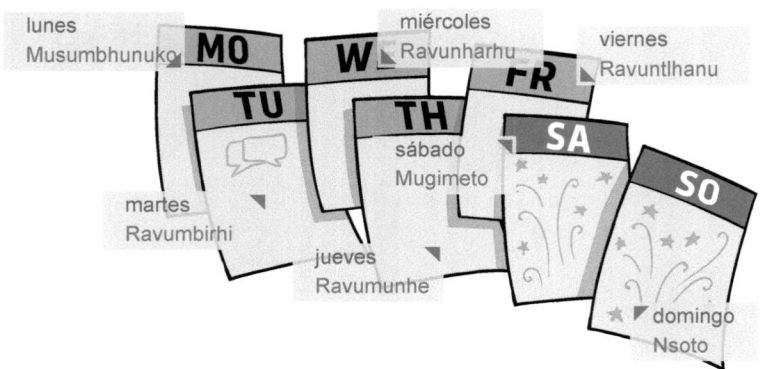

lunes
Musumbhunuko

martes
Ravumbirhi

miércoles
Ravunharhu

jueves
Ravumunhe

viernes
Ravuntlhanu

sábado
Mugimeto

domingo
Nsoto

ayer

tolo

hoy

namuntlha

mañana

mundzuku

la mañana

mixo

el mediodía

nhlekani

la tarde

madyambu

los días hábiles

masiku ya ntirho

el fin de semana

mahelo vhiki

la lluvia
mfpula

el arco iris
nkwangulatilo

el viento
moya

la nieve
gamboko

la primavera
xumun'wana

el otoño
xixikana

el verano
ximumu

el invierno
xixika

4.APRIL	11°	☀
5.APRIL	4°	☔
6.APRIL	13°	☁
7.APRIL	8°	☀
8.APRIL	10°	☀

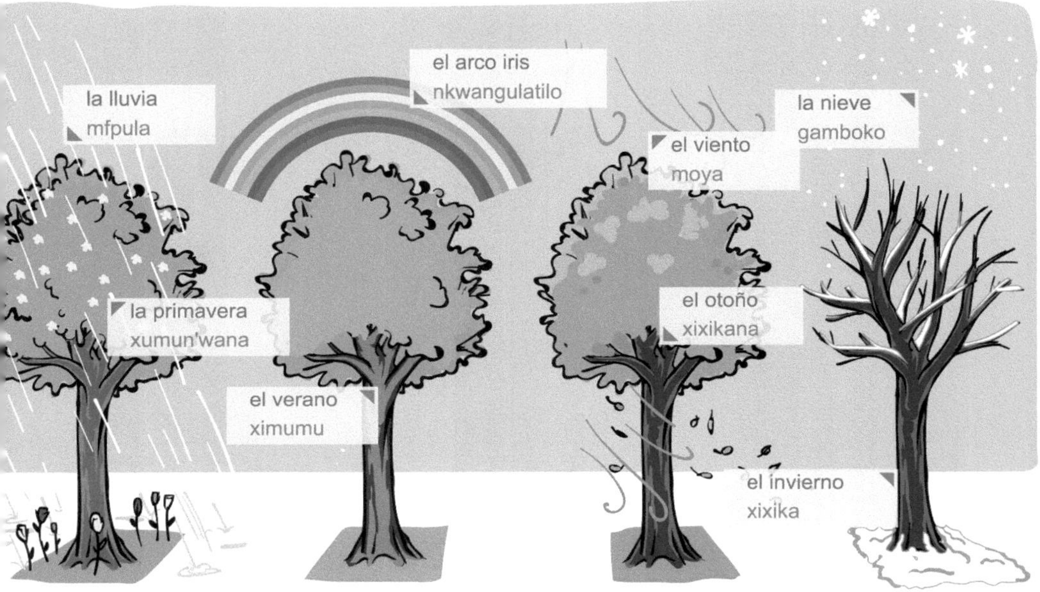

pronóstico meteorológico

....

vumbha tamaxelo

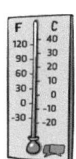

el termómetro

....

xipima-mahiselo

la luz del sol

....

dyambu

la nube

....

papa

la niebla

....

hunguva

la humedad

....

kutsakama

el rayo

rihati

el trueno

dzindza-tilo

la tormenta

xidzedze

el granizo

xihangu

el monzón

mpfula

la inundación

ndhambi

el hielo

ayisi

enero

Sunguti

febrero

Nyenyenyana

marzo

Nyenyankulu

abril

Dzivamusoko

mayo

Mudyaxihi

junio

Khotavuxika

julio

Mawuwani

agosto

Mhawuri

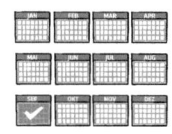

septiembre

Ndzhati

octubre

Nhlangula

noviembre

Hukuri

diciembre

N'wendzamhala

las formas
swivumbeko

el círculo

xirendzevutana

el cuadrado

xikwere

el rectángulo

matlhelo ya mune

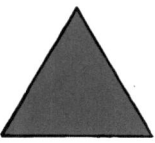

el triángulo

xivunguvungu xa tintlha tinharhu

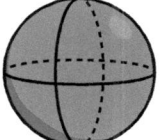

la esfera

bolo

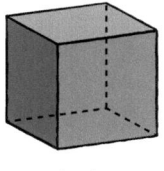

el cubo

cube

colores
mevala

blanco
·····
basa

amarillo
·····
xitshopana

naranja
·····
lamula

rosa
·····
tshwukanyana

rojo
·····
tshwuka

violeta
·····
xigunguvungu

azul
·····
wasi

verde
·····
rihlaza

marrón
·····
buraweni

gris
·····
mpunga

negro
·····
ntima

mucho / poco

swo tala / swi tsongo

enojado / tranquilo

hlundzukile / rhurile

lindo / feo

sasekile / bihile

el principio / el fin

masungulo / makumo

grande / chico

kulu / tsongo

claro / oscuro

vangama / munyama

el hermano / la hermana

buti / sesi

limpio / sucio

basile / chakile

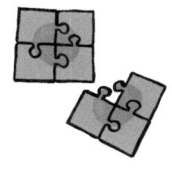

completo / incompleto

helerile / helelangiki

el día / la noche

siku / vusiku

muerto / vivo

file / hanyaka

ancho / angosto

pfulekile / pfalekile

comestible / no comestible

swa dyiwa / a swi dyiwi

malo / amable

homboloka / lunghile

entusiasmado / aburrido

tsakile / phirekile

gordo / flaco

nyuhela / lala

primero / último

masungulo / makumo

el amigo / el enemigo

mungana / nala

lleno / vacío

tele / hava

duro / blando

tiyile / olova

pesado / liviano

tika / vevuka

el hambre / la sed

ndlala / torha

enfermo / sano

vabya / hanya

ilegal / legal

swi ngariki enawini / enawini

inteligente / estúpido

tlharihile / xiphukuphuku

izquierda / derecha

ximati / xinene

cerca / lejos

akusuhi / kule

nuevo / usado

yintshwa / tirhisiwile

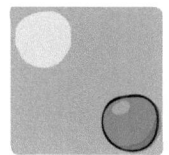

nada / algo

hava / xin'wana

viejo / joven

dyuharile / muntshwa

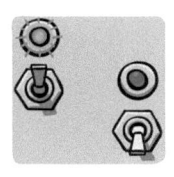

encendido / apagado

xarirha / xitimile

abierto / cerrado

pfurile / pfariwile

silencioso / ruidoso

myerile / huwa

rico / pobre

fuwile / xisiwana

correcto / incorrecto

swinene / bihile

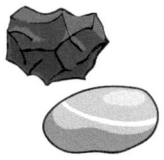

áspero / suave

khwasha / reta

triste / contento

vaviseka / tsaka

corto / largo

koma / leha

lento / rápido

hlwela / hatlisa

mojado / seco

tsakama / oma

caliente / frío

kufumela / titimela

guerra / paz

nyimpi / kurhula

0	**1**	**2**
cero	uno	dos
noto	n'we	mbirhi

3	**4**	**5**
tres	cuatro	cinco
nharhu	mune	ntlhanu

6	**7**	**8**
seis	siete	ocho
ntsevu	nkombo	nhungu

9	**10**	**11**
nueve	diez	once
nkaye	khume	khume n'we

12

doce

khume mbirhi

13

trece

khume nharhu

14

catorce

khume mune

15

quince

khume ntlhanu

16

dieciséis

khume ntsevu

17

diecisiete

khumbe nkombo

18

dieciocho

khume nhungu

19

diecinueve

khume nkaye

20

veinte

makhume mambirhi

100

cien

dzana

1.000

mil

gidi

1.000.000

el millón

gidi ya magidi

el inglés

Xinghezi

el inglés americano

Xinghezi xa Amerika

el chino mandarín

Xichayina xa Mandarin

el hindi

Xihindi

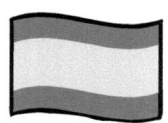

el español

Xipaniya

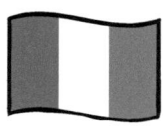

el francés

Xifurwa

el árabe

Xiarabu

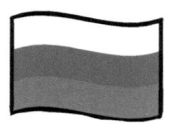

el ruso

Xirhaxiya

el portugués

Xiputukezi

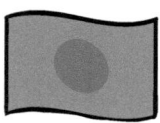

el bengalí

Xibengali

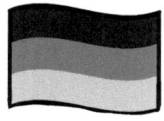

el alemán

Xijarimani

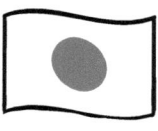

el japonés

Xijapani

yo

mina

vos

wena

él / ella

yena / yena / xona

nosotros

hina

ustedes

n'wina

ellos

vona

¿quién?

mani?

¿qué?

yini?

¿cómo?

njhani?

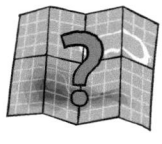

¿dónde?

kwihi?

¿cuándo?

rhini?

el nombre

vito

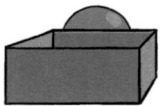

detrás

endzaku

en

ahehla

adelante de

emahlweni a

por encima de

ahenhla ka

sobre

eka

debajo de

ehansi

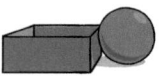

al lado de

handle ka

entre

exikarhi ka

el lugar

ndhawu